Mariannes Pilzküche

Marianne Behringer

Mariannes Pilzküche

Rezepte und Geschichten
aus dem Walde

Unverkäufliches
Leseexemplar

Eichborn.

1 2 3 4 04 03 02

Lektorat: Oliver Domzalski/Judith Schneider
Redaktion: Simon Schneider
Umschlaggestaltung: Christina Hucke
Satz: Fuldaer Verlagsagentur, Fulda
Druck und Bindung: Clausen & Bosse, Leck
ISBN: 3-8218-3733-0

Verlagsverzeichnis schickt gern:
Eichborn Verlag, Kaiserstraße 66, D-60329 Frankfurt am Main
www.eichborn.de

Inhaltsverzeichnis

Vorwort

Vor etwa dreißig Jahren begann mein Mann mit dem leidenschaftlichen Sammeln von Pilzen. Schon bald schlossen sich ihm voller Begeisterung unsere drei Kinder an. Da es durch dieses häufige und intensive »Schwammerlgehen« in meiner Küche oft zu einer regelrechten Pilzflut kam, war ich gezwungen, immer wieder neue Pilzgerichte auszuprobieren und zu erfinden. So kam ich auf den Gedanken, meine Köstlichkeiten irgendwann in einem kleinen Buch zusammenzufassen.
Allen Köchinnen, Köchen und Lesern will ich damit neben den Rezepten auch allgemein Wissenswertes und Interessantes über die Delikatessen aus dem Wald vermitteln. Ich würde mich freuen, wenn sich durch dieses Büchlein auch erfahrene Pilzköche zu neuen Genüssen verführen ließen und einige bisher noch Uneingeweihte ein neues Hobby fänden.
Zum Trost für diejenigen Genießer, die zwar gerne Pilze essen, aber nicht in den Wald gehen wollen oder können, sei gesagt, daß für viele Rezepte auch Pilze aus Zuchtanlagen geeignet sind. Und in der Herbstzeit werden frische Waldpilze auch auf allen Wochenmärkten angeboten.

Tips für Pilzjäger

- Pilze werden bei geeigneter Witterung von Mitte Juni bis Ende Oktober gesammelt. Schwülwarmes und feuchtes Wetter begünstigt das Wachstum.
- Nur Pilze sammeln, die man kennt!
- Zum Transport der gesammelten Pilze eignet sich am besten ein Pilzkorb. Keine Plastiktüten verwenden!
- Pilze schneidet man mit einem Messer ab. Die Erde nicht aufwühlen, um das Myzel nicht zu verletzen.
- Schmutz gehört nicht in den Korb. Die Pilze werden schon im Wald vorgereinigt.
- In den Korb gehört nur einwandfreie Ware. Faule und madenbefallene Pilze bleiben im Wald zurück.
- Frische Pilze sollen innerhalb von 24 Stunden verarbeitet werden.

Zur Pilzgeschichte

Pilzrezepte kennt man schon sehr lange. So findet man in einem »Kochbuch der römischen Küche« aus dem dritten Jahrhundert schon dreizehn Rezepte für Pilzgerichte. Später, im Mittelalter, waren dann häufig auch Abgaben an die Lehensherren in Form von edlen Pilzen gebräuchlich. Vermutlich stammt auch der Name »Herrenpilz« für den Steinpilz aus dieser Zeit. Später gerieten sie als Nahrungsmittel etwas in Vergessenheit, bis es in den Jahren des Ersten und Zweiten Weltkrieges zu ihrer Wiederentdeckung kam, als man sie als das »Fleisch des Waldes« sammelte.

Heute gehören Pilzgerichte sowohl in den Töpfen der Hausfrauen als auch in den Küchen von Spitzenköchen zum festen Repertoire.

Das A B C der Pilzküche

A

Das Reinigen der Pilze:
Beim Reinigen und Waschen der Pilze scheiden sich die Geister der Köchinnen und Köche. Während die einen nur trockenes Putzen mit Hilfe eines Messers, Pinsels oder eines Tuches befürworten, bestehen die anderen auf Reinigung mit Wasser.
Nur wenn Pilze wirklich stark verschmutzt sind, werden sie vorsichtig gewaschen. Sie sollten aber niemals vorher zerkleinert werden, sonst verlieren sie dabei ihr Aroma und saugen sich voll Flüssigkeit.
Nach dem Waschen werden die Pilze je nach Verwendung zerkleinert. Am besten schneidet man sie in feine Scheiben. Große Hüte kann man vierteln und den Stiel in dünne Scheiben zerteilen.

B

Pilzverwertung:
Pilze sollten gleich nach dem Sammeln verarbeitet werden. Nicht nur giftige Pilze verursachen nämlich Pilzvergiftungen, sondern auch ursprünglich eßbare Arten, die durch falsche

Behandlung oder zu langes Lagern ungenießbar geworden sind.
Können Pilze nicht gleich zubereitet werden, breitet man sie auf einer luftdurchlässigen Unterlage aus und hält sie kühl und trocken.
Die Reste von Pilzmahlzeiten niemals aufwärmen!

C

Bewahren des Pilzaromas:
Bei aller Phantasie der Pilzköchinnen und -köche darf durch die Art der Zubereitung doch nicht das Pilzaroma überdeckt werden. Deshalb ist die Beigabe intensiver Gewürzmischungen und Fremdzutaten zurückhaltend zu dosieren. Beim Verzehr eines Pilzgerichtes sollte der Pilzgeschmack dominieren.

Die Mengenangaben sind bei allen Rezepten für vier Personen berechnet.

Suppen

Pilzsuppe aus dem Riesengebirge

Zutaten: 400g gemischte Pilze
1 l Wasser
$^{1}/_{4}$ l Milch
40g Mehl
1 Ei
Salz, Kümmel, Essig

Zubereitung: In das gesalzene Wasser den Kümmel und die geputzten, zerschnittenen Pilze geben, ungefähr 15 Minuten bei milder Hitze kochen lassen und dann mit ein wenig Wasser glattgerührtes Mehl hineinquirlen. Noch einmal 5 Minuten kochen, dann mit Essig abschmecken. Die mit Ei verquirlte Milch unterrühren, nur erhitzen, nicht mehr kochen!

Pilznockerlsuppe

Zutaten:

30g Butter
1 Zwiebel
500g Maronen oder Birkenpilze
125g Bratwurstbrät
1 kleiner Bund Petersilie
4 EL Semmelbrösel
1 l Rindfleischbrühe
Salz, Pfeffer, Muskat

Zubereitung: Butter zerlassen und die gewürfelten Zwiebeln glasig dünsten. Die geputzten Pilze zerkleinern und mitdünsten, bis die in den Pilzen vorhandene Flüssigkeit verdampft ist. Diese Masse abkühlen lassen und dann mit dem Bratwurstbrät und der kleingehackten Petersilie vermengen. Mit Salz, Pfeffer und Muskat nach Geschmack würzen, mit den Semmelbröseln zu einem Teig verkneten und diesen 10 Minuten ruhen und ausquellen lassen. Dann mit angefeuchteten Händen Nockerln formen. In die kochende Brühe einlegen und 15 bis 20 Minuten ziehen lassen.

Beim Zubereiten von Pilzgerichten immer erst die in den Pilzen vorhandene Flüssigkeit verdampfen lassen!

Südtiroler Pilzsuppe

Zutaten: 250g gemischte Pilze
$^{1}/_{2}$ Tasse Olivenöl
$^{3}/_{4}$ l warmes Wasser
1 Zwiebel
3 EL Kartoffelbrei
2 EL gehackte Petersilie
1 Glas Südtiroler Rotwein
1 Tasse süße Sahne
3 hartgekochte Eier
Salz, Pfeffer

Zubereitung: Pilze säubern, putzen, zerkleinern und mit der gewürfelten Zwiebel in Olivenöl andünsten. Danach das Wasser angießen, den Kartoffelbrei dazugeben, gut verrühren und aufkochen lassen. Mit Salz, Pfeffer und Rotwein kräftig würzen. Den Topf vom Herd nehmen, die Sahne unterziehen, das fertige Gericht mit der gehackten Petersilie und den gehackten Eiern bestreuen und gleich servieren.

Pilzsuppe aus Trockenpilzen

Zutaten:
50g getrocknete Pilze
1 EL Mehl
80g Butter
1 Bund Petersilie
$^{1}/_{2}$ Tasse Schmand
2 Eidotter
$^{3}/_{4}$ l Gemüsebrühe

Zubereitung: Die getrockneten Pilze am Abend vorher einweichen, am nächsten Tag mit dem Einweichwasser und der Gemüsebrühe weichköcheln. Aus Mehl und Butter eine helle Mehlschwitze herstellen, feingehackte Petersilie darin andünsten, mit der Brühe aufgießen und einmal aufkochen lassen. Die Eidotter mit dem Schmand in einer Suppenschüssel glattrühren, die heiße Suppe darübergießen, gut umrühren und servieren.

Trockenpilze immer einige Stunden vor der Verwendung in Wasser einweichen. Bei der Zubereitung der Speisen zumindest einen Teil des Einweichwassers verwenden. Trockenpilze sind äußerst intensive Geschmacksträger: 50g getrocknete Pilze entsprechen 500g frischen!

Champignonsuppe

Zutaten: 375g Champignons
1 TL Zitronensaft
100g Möhren
100g Stangensellerie
50g Lauch
100g Chinakohl
60g Butter
1 l Rindfleischbrühe
Salz, frisch gemahlener Pfeffer
Weißbrot

Zubereitung: Champignons mit feuchtem Küchenkrepp gut säubern, in Scheiben und dann in Streifen schneiden. Mit einigen Tropfen Zitronensaft beträufeln und zugedeckt ruhen lassen. Möhren, Lauch, Sellerie und Chinakohl putzen, waschen und in Streifen schneiden. Butter in einem Topf erhitzen und die vorbereiteten Gemüse garen, bis sie zusammenfallen. Dann die Rindfleischbrühe angießen und alles bei geringer Hitze 20 Minuten köcheln lassen. Die Champignons zur Suppe geben und weitere 15 Minuten bei schwacher Temperatur garen. In der Zwischenzeit Weißbrot in kleine Würfel schneiden und in heißer Butter rösten, dann sofort die Suppe in Teller geben und mit den Weißbrotwürfeln servieren.

Hauptgerichte

Unsere beliebtesten Speisepilze …

… sind wegen ihres guten Geschmacks *Steinpilz, Rotkappe, Birkenpilz, Pfifferling, Marone, Butterpilz und Champignon.*

Die folgenden Kapitel stellen Rezepte vor, die das Aroma der jeweiligen Sorten am besten zur Geltung bringen – Schließlich ist Pilz nicht gleich Pilz, und was sich an so unterschiedlichen Plätzen zu Hause fühlt wie Pfifferling und Champignon, sollte natürlich auch im Kochtopf nicht einfach gleich behandelt werden.

Der Steinpilz…

… gehört in der europäischen Küche zu den besonderen Delikatessen. Er hat einen ausgezeichneten Geschmack und ist sowohl als eigenständiges Gericht wie auch als Beilage vielseitig verwendbar. Auch zum Trocknen ist er hervorragend geeignet.
Steinpilzfunde gehören zu den besonderen Freuden eines Pilzammlers.

Steinpilzrisotto

Zutaten: 500g Steinpilze
1 Zwiebel
1 Lorbeerblatt
1 Knoblauchzehe
3 Salbeiblätter
4 EL Butter
1 l Gemüsebrühe
400g Risottoreis
150ml trockener Weißwein
50g frisch geriebener Parmesan
Salz, Pfeffer aus der Mühle

Zubereitung: Steinpilze putzen und kleinschneiden. Zwiebel abziehen und fein hacken. Zwiebel, Lorbeer, abgezogene Knoblauchzehe und zwei Salbeiblätter in zwei EL Butter in einem breiten, flachen Topf oder in einer tiefen Pfanne anschwitzen, die Pilze unterrühren. Die Brühe in einem zweiten Topf aufkochen. Den Reis nach und nach zu den Pilzen geben und dabei ständig rühren. Wenn alle Reiskörner nach etwa drei Minuten von einem Fettfilm überzogen sind, 100ml Wein angießen und so lange rühren, bis er verdampft ist. Dann die heiße Brühe nach und nach zugießen, und zwar immer nur so viel, daß der Reis gerade bedeckt ist. Erst wenn die Flüssigkeit fast verdampft ist, weitere Brühe angießen. Etwa einen Schöpflöffel von der Brühe übrig lassen. Den Reis unter ständi-

gem Rühren etwa 30 Minuten garen, bis er weich genug ist, aber noch Biß hat.
Die Gewürze aus dem Reis entfernen. Restliche Butter, die übrige Brühe, den restlichen Wein und 40g Parmesan unterrühren. Mit Salz und Pfeffer würzen. Das dritte Salbeiblatt in feine Streifen schneiden und unterheben. Einige Minuten ziehen lassen. Den restlichen Parmesan darüberstreuen und noch heiß servieren.

Dazu schmecken frische Blattsalate.

Steinpilz - Hackfleischgericht

Zutaten:
500g Steinpilze
3 Zwiebeln
500g Tomaten
4 EL Öl
125g gemischtes Hackfleisch
$^{1}/_{4}$ l Wasser
Salz, Pfeffer
20g Speisestärke
$^{1}/_{8}$ l saure Sahne
Petersilie

Zubereitung: Pilze säubern, putzen, in nicht zu kleine Würfel schneiden. Zwiebeln schälen und ebenfalls kleinschneiden. Tomaten mit heißem Wasser überbrühen, abziehen und vierteln.
Das Öl erhitzen und die Zwiebeln darin goldgelb andünsten. Danach das Hackfleisch und die Pilze zugeben und alles anbräunen. Dann Tomaten, heißes Wasser, Salz und Pfeffer hinzufügen. Das Gericht 15 Minuten bei geringer Hitze garen. Die Speisestärke in der sauren Sahne anrühren und die Pilze damit binden. Die Mahlzeit abschmekken und mit gehackter Petersilie bestreuen.

Ist ein Pilzgericht zu dünn geraten, kann es außer mit Speisestärke auch durch die Zugabe einer rohen, geriebenen Kartoffel oder mit Soßenbinder angedickt werden.

Steinpilz-Spieße

Zutaten: 6 Steinpilze
1 TL Butter
2 kleine Tomaten
2 kleine Zwiebeln
$^1/_2$ Paprikaschote
2 Scheiben geräucherter Schweinebauch
1 EL Öl
Salz
Pfeffer

Zubereitung: Pilze reinigen und in dicke Scheiben schneiden. Kurz in Butter andünsten, die Pilze dürfen dabei nicht weich werden. Auf vier Schaschlikspieße abwechselnd Pilzstücke, dicke Tomatenscheiben, Zwiebelscheiben, Paprikastreifen und Stückchen vom Schweinebauch aufreihen. Öl in einer Pfanne erhitzen und die Spieße gut fünf Minuten von allen Seiten braten, oder die Spieße mit Öl beträufeln und grillen. Anschließend salzen und pfeffern und sofort servieren.

Dazu gibt es Salat.

Saure Steinpilze

Zutaten: 1 kg Steinpilze
1 kleine Zwiebel
40g Fett
2 geh. TL Mehl
1/2 l gekörnte Gemüsebrühe
etwas Essig
Salz, Pfeffer aus der Mühle
Petersilie
2 EL saure Sahne

Zubereitung: Pilze säubern und zerkleinern. Kleingeschnittene Zwiebel in Fett andünsten. Pilze zugeben und so lange dünsten, bis alle Flüssigkeit verdampft ist. Zwei gehäufte TL Mehl über die Pilze geben und gut durchrühren. Flüssigkeit aufgießen bis eine breiige Masse entsteht. Auf kleiner Flamme langsam köcheln. Mit gekörnter Gemüsebrühe, Salz und Pfeffer abschmecken, einen Schuß Essig und die gehackte Petersilie zugeben. Topf vom Feuer nehmen und zwei EL saure Sahne unterrühren.

Dazu schmecken besonders gut Semmelknödel.

Bei der Zubereitung von Pilzgerichten niemals eine Kupferpfanne verwenden! Das Metall oxidiert, und das kann zu Vergiftungen führen. Am geeignetsten sind Kochgeschirr aus feuerfestem Porzellan und beschichtete Pfannen oder Töpfe.

Charakteristik eines leidenschaftlichen Pilzjägers

- Er freut sich über verregnete Sommer.
- Er ist äußerst verschwiegen, wenn es um gute Jagdgründe geht.
- Er betrachtet die Pilzsaison als »fünfte Jahreszeit«.
- Er verdient zu Recht den Namen Pilzjäger, weil er bereit ist, in der Hoffnung auf gute Beute auch völlig durchnässt ins Unterholz zu kriechen.
- Er kann ganz sicher Knollenblätterpilze und andere Giftpilze von ihren eßbaren Doppelgängern unterscheiden.
- Ihm bleibt im Herbst keine Zeit für andere Hobbies.

Steinpilzragout

in Zwiebel-Paprika-Weinrahmsoße

Zutaten: 6 kleine Zwiebeln
2 EL Butter
1 kg Steinpilze
100ml Weißwein
Salz, Pfeffer
2 EL gehackte frische Kräuter
1 TL edelsüße Paprika
200ml süße Sahne

Zubereitung: Die feingehackten Zwiebeln in der ausgelassenen Butter glasig werden lassen. Die geputzten und geschnittenen Pilze dazugeben und zwei bis drei Minuten dünsten. Mit dem Weißwein ablöschen und auf kleinem Feuer etwa zehn Minuten köcheln lassen. Mit Salz, Pfeffer und den gehackten Kräutern würzen. Alles durch ein Sieb in einen Topf abgießen. Den Sud etwas einkochen lassen. Paprika und die Sahne beimischen, nochmals ziehen lassen. Pilzmasse wieder dazugeben, abschmecken und servieren.

Dazu gibt es Böhmische Knödel.

Zu Pilzgerichten passen besonders gut Kräuter wie Petersilie, Dill und Basilikum.

Panierte Steinpilze

Zutaten: 500g große Steinpilze
Mehl
2 Eier, Semmelbrösel,
Pflanzenfett oder Butterschmalz
Salz, Pfeffer

Zubereitung: Die Steinpilze der Länge nach in Scheiben schneiden und zwei Minuten blanchieren. Nach dem Abtropfen in dem Mehl, den verquirlten Eiern und den Semmelbröseln wenden und im heißen Fett goldbraun braten.

Die panierten Steinpilze schmecken sehr gut zu frischen Blattsalaten oder Kartoffelsalat.

Pilz-Schinkensoße mit Nudeln

Zutaten:

25 g getrocknete Steinpilze
1/8 l Wasser
300g Champignons
2 Schalotten
100g gekochter Schinken
1 TL Butter
1/8 l Schlagsahne
2 EL geriebener Parmesan
Salz, Pfeffer
200g Bandnudeln
2 EL gehackte Walnüsse

Zubereitung: Steinpilze in 1/8 l Wasser etwa 15 Minuten einweichen. Schinken in feine Streifen schneiden, die Schalotten abziehen und fein würfeln. Die Butter in einer Pfanne erhitzen, und die Schalotten glasig dünsten. Die Champignons zugeben und anbraten, danach die Steinpilze zusammen mit dem Einweichwasser angießen. Etwa 8 Minuten bei offenem Topf köcheln lassen. In dieser Zeit die Nudeln kochen. Den Schinken zugeben und nochmals einige Minuten weiterkochen. Die Sahne und den Käse unterziehen und mit Salz und Pfeffer abschmecken. Die Nudeln abgießen und mit der Pilzsoße mischen. Auf vorgewärmten Tellern anrichten und mit den Walnüssen bestreuen.

Steinpilzstrudel mit Rotweinzwiebeln

Zutaten:

für den Teig:
250g Mehl
1 Ei
eine Prise Salz
1 EL Öl
$^{1}/_{8}$ l lauwarmes Wasser

für die Füllung:
50g Butter
1 Zwiebel
500g Steinpilze
1 Bund Petersilie
1 Becher Schmand
2 EL Semmelbrösel
Salz, Pfeffer

für die Rotweinzwiebeln:
500g Gemüsezwiebeln
$^{1}/_{8}$ l Rotwein
2 EL Öl
Majoran nach Belieben
2 EL Honig
Salz, Pfeffer

Zubereitung des Teiges: In das Mehl eine Vertiefung drükken, Salz, Öl, Ei und lauwarmes Wasser darin verrühren, den Teig rasch zusammenarbeiten und gut kneten. Eine Kugel formen und eine mit warmem Wasser ausgespülte Schüssel darüberstülpen.
30 Minuten ruhen lassen.

Zubereitung der Füllung: Butter in einer Pfanne erhitzen, die geschälte und kleingewürfelte Zwiebel darin andünsten, die Pilze hinzufügen und mit Salz und Pfeffer würzen. Die gesamte Pilzflüssigkeit verdampfen lassen. Zum Schluß die gewaschene, zerkleinerte Petersilie untermischen und die Füllung abkühlen lassen.
Auf einem bemehlten Tuch den Teig dünn ausrollen, mit etwas zerlassener Butter bestreichen, die Semmelbrösel auf dem Teig verteilen und die Pilzfüllung gleichmäßig auftragen.

Den Schmand in Flocken darübergeben, die Ränder einschlagen, locker aufrollen und auf einem gefetteten Blech bei 200° C etwa 40 Minuten backen.

Zubereitung der Rotweinzwiebeln: Die Zwiebeln in Ringe schneiden, in Öl andünsten und mit Rotwein ablöschen. Mit Majoran, Salz und Pfeffer würzen. Fünf bis zehn Minuten, je nach Beschaffenheit der Zwiebeln, schmoren und mit Honig abschmecken. Zum Strudel servieren.

Verfeinern von Pilzgerichten

- *Weißwein* oder *Zitronensaft* schmecken in Pilzgerichten pikant.
- *Gemüsebrühe* unterstreicht den Geschmack.
- *Süße oder saure Sahne* geben einem Pilzgericht eine besondere Note.
- *Petersilie* paßt zu allen Pilzgerichten.
- *Knoblauch* eignet sich besonders für Pilzgerichte mit italienischer Note.
- *Kümmel* und *Essig* sind für saure Pilzgerichte unerläßlich.

Der Pfifferling …

… kann für viele Gerichte in der Küche verwendet werden. Er hat festes, gelbes Fleisch und ist selten von Maden befallen. Beim Trocknen wird er allerdings zäh und ist deswegen dafür relativ ungeeignet. Man nennt ihn auch Eierschwammerl oder Reherl.

Pfifferlinge mit Bandnudeln

Zutaten:
500g Bandnudeln
500g Pfifferlinge
1 Knoblauchzehe
2 EL Olivenöl
1 Bund Petersilie
1 kleine Zitrone
Salz, Pfeffer

Zubereitung: Die Pfifferlinge putzen und nicht zu klein aufschneiden. Knoblauch schälen und feinhacken. Öl erhitzen, Pilze und Knoblauch darin andünsten. Salzen und pfeffern. Petersilie kleinschneiden. Die Zitrone heiß abwaschen und trockenreiben. Schale dünn abschälen und in feine Streifen schneiden. Zitrone halbieren, Petersilie unter die Pilze mischen und mit Zitronensaft abschmekken. Die inzwischen gekochten Nudeln abtropfen lassen, mit den Pilzen vermischen und anrichten. Mit der zerkleinerten Zitronenschale bestreuen und nach Belieben noch etwas Olivenöl darübergeben.

Diesem Gericht mit Olivenöl kann man eine weitere mediterrane Note verleihen, wenn man an Stelle von Petersilie Basilikum verwendet.

Pfifferlingsragout mit Kartoffeln und Speck

Zutaten: 500g Pfifferlinge
500g Kartoffeln
50g Frühstücksspeck
1 EL Mehl
$^1/_8$ l Gemüsebrühe
1 Bund glatte Petersilie
Salz, Pfeffer
Worcestersauce

Zubereitung: Pfifferlinge putzen. Kartoffeln schälen, in Stücke schneiden und in Salzwasser garen. Den Frühstücksspeck fein würfeln, in einer beschichteten Pfanne ausbraten, die Pilze dazugeben und unter Rühren fünf Minuten dünsten. Das Mehl über das Pilzragout streuen, anschwitzen und mit der Gemüsebrühe ablöschen. Zugedeckt drei Minuten garen. Petersilie hacken, Pilzragout mit Salz, Pfeffer und Worcestersauce kräftig würzen. Zwei Drittel der Petersilie unter das Ragout rühren, den Rest über die Kartoffeln geben.

Pilzzeit

Der Sommer ist schon müde geworden. Tagsüber heizt er die Luft zwar ab und zu noch einmal kräftig auf, aber den Nächten mit starker Abkühlung folgen die ersten Frühnebel. Die Stare sind bereits abgeflogen und die letzten Sommerfeste und Biergartenbesuche sind nunmehr Erinnerung.
Jetzt ist sie da, die von allen Pilzfreunden heißersehnte Zeit! Im Morgengrauen schwingen sie sich aus den Federn und pirschen durch das noch taunasse Gras und Laub zu den geheimen Pilzplätzen, um reiche Beute zu machen. Kochwütige Hausfrauen belagern die Gemüsemärkte, um an die frischesten Genüsse des Waldes zu kommen, und bringen phantasievolle Mahlzeiten auf den Tisch. Wohin man geht, wohin man sieht: Pilze! Die Pilzsaison ist da!

Pfifferlinge mit Schweinegeschnetzeltem

Zutaten: 250g Pfifferlinge
400g Geschnetzeltes vom Schwein
1 Zwiebel
50g Perlzwiebeln
1 Essiggurke
25g Butter
15g Mehl
4 EL Fleischbrühe
2 EL saure Sahne oder Schmand
schwarzer, frisch gemahlener Pfeffer
Salz

Zubereitung: Fleisch in dünne Streifen schneiden oder bereits geschnetzelt kaufen. Pfifferlinge säubern, Zwiebel schälen und hacken. Das Fleisch mit Butter in einem Topf kurz anbraten, Zwiebeln einige Minuten mitbraten. Die Pfifferlinge dazugeben, mit Mehl bestäuben und nochmals einige Minuten braten. Mit heißer Fleischbrühe ablöschen. Zugedeckt etwa 20 Minuten schmoren lassen. Mit saurer Sahne, Salz und Pfeffer abschmecken. Vor dem Servieren mit Perlzwiebeln und kleingeschnittener Essiggurke garnieren.

Pfifferlingsknödel

Zutaten:

250g Pfifferlinge
$^{1}/_{4}$ l Milch
5 Scheiben altes Weißbrot
3 Eier
1 kleine Zwiebel
60g Butter
etwas Mehl
Salz, Pfeffer, Petersilie

Zubereitung: Pfifferlinge putzen und grob zerkleinern. Das alte Weißbrot in Würfel schneiden. Die Eier mit der Milch vermischen und auf die Weißbrotwürfel gießen. Zwiebel und Petersilie hacken und kurz in der Butter dünsten. Die Pfifferlinge dazugeben und weichdünsten. Mit dem Semmelgemisch vermengen. Abschmecken und etwa eine Stunde stehenlassen. So viel Mehl dazugeben, daß sich der Teig gut formen läßt. Knödel formen und in kochendes Salzwasser legen. 20 Minuten ziehen lassen.

Dazu schmecken eine fruchtige Tomatensoße, Fleisch oder Geflügel.

Pfifferlingsgratin

Zutaten: 125g Spaghetti
Salz
125g Frühstücksspeck
2 kleine Zwiebeln
600g Pfifferlinge
3 Eier
1 Bund Petersilie
frisch gemahlener Pfeffer
3 Scheiben Toastbrot
50g Butter

Zubereitung: Die Nudeln in kochendes Salzwasser geben und bißfest garen, abgießen, heiß abbrausen und abtropfen lassen. Den Frühstücksspeck in kleine Würfel schneiden und gut ausbraten. Dann die in Würfel geschnittenen Zwiebeln zum Speck geben und etwas andünsten. Die geputzten und zerkleinerten Pfifferlinge ebenfalls in die Pfanne geben. Nudeln, verrührte Eier, gehackte Petersilie und Pfifferlinge mischen, mit Salz und Pfeffer kräftig abschmecken und in eine Auflaufform geben. Die entrindeten Toastscheiben fein zerkrümeln und über die Pfifferlinge streuen. Die Butter zerlassen und gleichmäßig über den Auflauf träufeln. Bei 200° C etwa 30 Minuten goldbraun überbacken.
Dazu schmeckt Eisbergsalat mit Paprikastreifen und Zwiebelringen.

Pfifferlinge mit Rehkoteletts

Zutaten: 8 Rehkoteletts zu je 100g
3 EL Öl
Salz, Pfeffer
2 EL Butter
500g Pfifferlinge
100g geräucherter Schweinebauch
200g Schalotten
100g Lauch
200g süße Sahne
1 EL gehackte Petersilie

Zubereitung: Die Koteletts werden mit Salz und Pfeffer gewürzt und in heißem Öl jeweils vier Minuten auf beiden Seiten in der Pfanne gebraten.
Dann schlägt man das Fleisch in Folie ein und stellt es warm, bis die Pilze fertig sind. Die Pfanne wird mit Küchenkrepp gereinigt.
Nun zerläßt man Butter in der Pfanne und gibt den feingewürfelten Räucherbauch, den geputzten und in Scheiben geschnittenen Lauch und die gehackten Schalotten dazu. Etwa fünf Minuten dünsten bis die Schalotten glasig sind. Mit Salz und Pfeffer würzen und mit Sahne abschmecken. Das Gericht einige Minuten köcheln und dabei etwas eindicken lassen.

Jetzt kommen die geputzten und grob zerkleinerten Pfifferlinge dazu. Zusammen weitere fünf Minuten bei geringer Hitze weiterkochen lassen, dann mit gehackter Petersilie bestreuen. Die Rehkoteletts auf einer Platte anrichten und mit den Pilzen übergießen.

Pfifferlingstoast „Schwammerlglück“

Zutaten: 400g Pfifferlinge
4 Scheiben Vollkorntoast
40g weiche Butter
50g durchwachsener Speck
2 EL Öl
1 große Zwiebel
100g geriebener Emmentaler
Salz, Pfeffer, Petersilie

Zubereitung: Die Butter mit Salz, Pfeffer und etwas gehackter Petersilie vermischen. Das Toastbrot rösten, abkühlen lassen und mit der Buttermischung bestreichen. Den Speck in kleine Würfel schneiden und in Öl anbraten. Zwiebel würfeln, Pfifferlinge säubern und zerkleinern, beides zu den Speckwürfeln geben und dünsten. Mit den Gewürzen abschmecken. Die Toastscheiben in eine feuerfeste Form legen. Die Pilzmischung darauf verteilen und mit Käse bestreuen. Bei mittlerer Hitze überbacken, bis der Käse geschmolzen ist. Vor dem Auftragen mit Petersilie bestreuen.

Rotkappe, Birkenpilz, Butterpilz, Marone …

… gehören zu den Röhrlingen und zeichnen sich durch besonders guten Geschmack aus. Der Birkenpilz, der ähnlich schmeckt wie die Rotkappe, verfärbt sich beim Putzen und Kochen dunkel, was aber durch Zugabe von Zitronensaft gemildert werden kann.
Der Butterpilz ist mild im Geschmack und zergeht beim Verzehr fast auf der Zunge.
Alle Röhrlinge haben ein feines Aroma und lassen sich jederzeit zu Einzel- oder Mischgerichten verarbeiten.

Pilzfrikadellen

Zutaten:

750g Pilze
2 Zwiebeln
Muskat
Pfeffer
1/2 Bund Petersilie
5-6 EL Öl
2 TL Gemüsebrühe
2 Eier
1 Päckchen »rohe Klöße«,
Instantpulver für 8 Stück

Zubereitung: Die gehackten Zwiebeln in 2 EL Öl andünsten. Danach die geputzten und in Scheiben geschnittenen Pilze sowie die Gemüsebrühe zugeben und die Flüssigkeit verdampfen lassen. Mit Pfeffer und Muskat kräftig abschmecken, vom Herd nehmen und abkühlen lassen.
Eier in einem Meßbecher verquirlen und mit Wasser zu insgesamt 1/2 l Flüssigkeit auffüllen. In eine große Schüssel geben, das Kloßpulver einrühren, die etwas abgekühlten Pilze und die gehackte Petersilie daruntermischen und zehn Minuten quellen lassen. Mit feuchten Händen ca. 16 Frikadellen formen und im restlichen Öl von beiden Seiten wie gewohnt ausbacken.

Pilzsucher oder Pilzwilderer?

Auch unter den Pilzfreunden gibt es verschiedene Typen. Unter ihnen stechen zwei Gruppen besonders hervor, nämlich der Pilzsucher und der Pilzwilderer.

Die Pilzsucher zielen beim Suchen auf ganz bestimmte eßbare und schmackhafte Sorten. Der Korb wird nur mit Pilzsorten gefüllt, die man genau kennt und gerne verzehrt.

Die Pilzwilderer raffen dagegen erst einmal alles zusammen, was pilzähnlich aussieht, ohne die einzelnen Arten unterscheiden zu können. Häufig suchen sie nach ihrem Beutezug einen Pilzkundigen auf, der dann nicht selten einen großen Teil der »Sammelware« als giftig oder ungenießbar aussortiert.

Nun, liebe Pilzfreunde, entscheiden Sie selbst, wo Sie sich einordnen: in die Gesellschaft der Pilzsucher oder in die der Pilzwilderer?

Pilzgericht „Altweibersommer“

Zutaten:

400g Pilze
5 große Kartoffeln
1 l Wasser
$^{1}/_{2}$ TL gemahlener Kümmel
1 Zwiebel
$^{1}/_{4}$ l Sahne
40g Mehl
2 Eier
2 EL gehackter Dill
Salz, Pfeffer

Zubereitung: Die geschälten Kartoffeln in Stücke schneiden, mit Salzwasser übergießen und zusammen mit den geputzten, in Scheiben geschnittenen Pilzen, der gehackten Zwiebel und dem Kümmel 15 bis 20 Minuten garen. Die Sahne mit dem Mehl und einigen EL der Kartoffelbrühe verquirlen, über die Kartoffeln gießen und aufkochen lassen. Die Eier einzeln aufschlagen und in die kochende Flüssigkeit gleiten lassen, dabei das Eiweiß mit einem Löffel vorsichtig über den Dotter ziehen (wie bei verlorenen Eiern). Den gehackten Dill zufügen und das Gericht mit Salz und Pfeffer abschmecken.

Pilz-Lasagne

Zutaten:

Béchamelsoße:
40g Butter
40g Mehl
500ml Milch
100ml Sahne
Salz, weißer Pfeffer, Muskat

Pilzfüllung:
3 EL Öl
1 Zwiebel, gehackt
800g Mischpilze, geputzt, in Scheiben
100g Möhren, geschält, in Scheiben
1 Knoblauchzehe, gepreßt
1 Dose Tomaten, Abtropfgewicht 240g
Salz, Pfeffer
1 Bund Basilikum, gehackt

250g Lasagneblätter, nicht vorzukochen
150g Parmesan, gerieben

Für die Form:
1 EL weiche Butter

Zubereitung: Für die Béchamelsoße die Butter in einem Milchtopf schmelzen, das Mehl zufügen und solange rühren, bis ein Kloß entsteht. Nach und nach unter ständigem Rühren Milch und Sahne zugeben, aufkochen und mit den Gewürzen abschmecken.

Für die Pilzfüllung das Öl in einer Pfanne erhitzen und das vorbereitete Gemüse darin andünsten. Danach die Tomaten zugeben und 5 Minuten kochen. Mit Salz und Pfeffer abschmecken und das Basilikum dazugeben.

In eine gefettete Auflaufform abwechselnd Béchamelsoße, Lasagneblätter und Pilzfüllung einschichten.
Mit Béchamelsoße abschließen und mit Parmesankäse bestreuen.

Bei 200° C etwa 20 Minuten backen.

Pilzbeutel „Waldeslust“

Zutaten: 400g Mischpilze
1 kleine Zwiebel, feingehackt
1 Knoblauchzehe, feingehackt
4 EL Butter
3 EL Petersilie grob zerkleinert
600g Blätterteig (aufgetaute TK-Ware)
Mehl zum Ausrollen
1 Eigelb, verquirlt
Salz
Pfeffer

Zubereitung: Zwiebel und Knoblauch in Butter anschwitzen, Pilze dazugeben und etwa 10 Minuten garen lassen. Die Pfanne vom Herd nehmen, die zerkleinerte Petersilie untermischen, salzen und pfeffern. Den Ofen auf 200° C vorheizen. Den Blätterteig in vier Portionen teilen, diese jeweils zu einem etwa 20 cm großen Quadrat ausrollen, mit etwas Mehl bestäuben. Dann von jedem Quadrat einen ca. 1 cm breiten Teigstreifen abschneiden. Ungefähr ein Viertel der Pilzfüllung in die Mitte eines Teigstückes geben. Die vier Spitzen des Teigquadrates zusammenlegen, so daß sich ein Beutel ergibt. Mit einem Teigstreifen zusammenbinden. Die restlichen Beutel ebenso zubereiten. Auf ein mit Backtrennpapier ausgelegtes Blech setzen, mit verquirltem Eigelb bestreichen und 15 bis 20 Minuten backen.

Werden die Teigbeutel bei Tisch geöffnet, verbreiten sie ein unwiderstehlich köstliches Pilzaroma.

Zum Zusammenfassen der Teigbeutel können auch blanchierte Blätter von Lauchstangen verwendet werden.

Gefüllte Pilzkartoffeln

Zutaten: 10 mittlere Kartoffeln
100g Schinken
250g Pilze
80g Butter
1 EL Kapern
2 Eigelb, Salz, Pfeffer

Zubereitung: Die gut gewaschenen Kartoffeln in der Schale auf dem Backblech garen und längs halbieren. Mit einem Löffel etwas aushöhlen und die Masse durch die Kartoffelpresse drücken. Die kleingeschnittenen Pilze in der Butter weich dünsten und mit dem feingewürfelten Schinken unter die Kartoffelmasse mischen. Danach die feingehackten Kapern und die Eigelbe dazugeben und mit Salz und Pfeffer abschmecken. Die Kartoffel-Pilzmasse in die ausgehöhlten Kartoffeln füllen und in eine feuerfeste Form oder auf ein mit Backpapier ausgelegtes Blech setzen. Mit Butterflöckchen bestreuen und 15 Minuten bei 150° C im vorgeheizten Ofen backen.

Pilze in Wacholderrahm

Zutaten:
1 kg Mischpilze
etwas Bratfett
150g geräucherter Bauch
2 Zwiebeln
2 EL Wacholderschnaps
4 Wacholderbeeren
$^{1}/_{4}$ l süßer Rahm
1 Bund Petersilie
Salz, Pfeffer

Zubereitung: Die Pilze säubern und in Scheiben schneiden. Den geräucherten Bauch und die geschälten Zwiebeln würfeln. Fett in einer Pfanne erhitzen und Bauch mit Zwiebeln goldbraun anbraten. Pilze dazugeben und kochen lassen, bis alle Flüssigkeit verdampft ist. Wacholderschnaps unterrühren.
Den nicht zu steif geschlagenen Rahm und die zerstoßenen Wacholderbeeren hinzufügen und leicht unterheben. Die Pilzpfanne gut mit Salz und Pfeffer würzen und mit der gewaschenen, zerkleinerten Petersilie bestreuen.

Dazu schmecken Spiegeleier, Salzkartoffeln oder Kartoffelpuffer.

Hähnchen mit Pilzfüllung

Zutaten: 1 Zwiebel
1 Knoblauchzehe
50g Speck
300g Mischpilze
1 Scheibe Vollkornbrot (ca. 50g)
1 Handvoll gehackte glatte Petersilie
1 Hähnchen (ca. 200g)
0,1 l helles Bier
Salz, Pfeffer, Cayennepfeffer

Zubereitung: Hähnchen waschen, trockentupfen, innen und außen mit Salz und Pfeffer einreiben.
Zwiebel schälen und würfeln. Knoblauch häuten und fein hacken. Speck fein würfeln. Die Pilze putzen und zerkleinern. Brot toasten und fein zerkrümeln. Speck in einer Pfanne auslassen. Pilze zugeben und kurz braten. Brotkrümel und Petersilie untermischen. Mit Pfeffer, Cayennepfeffer und Salz kräftig abschmecken. Die Füllung in den Bauch geben und mit Küchengarn zunähen oder mit Zahnstochern zustecken. Hähnchen in einen Bräter legen. Im Ofen bei 200° C eine Stunde braten, dabei häufiger mit dem austretenden Fett und Bier bestreichen.

Das Hähnchen schmeckt sehr gut zu knackigem Salat und frischem Stangenweißbrot.

Gedünstete Pilze mit Schinken und Eiern

Zutaten: 500g Pilze
50g Butter
1 Schalotte
Salz
1/2 TL gemahlener Kümmel
100g Schinken
4 Eier
Petersilie

Zubereitung: Die Schalotte hacken und in der Butter andünsten. Die geputzten und in Scheiben geschnittenen Pilze sowie Salz und Kümmel zugeben und alles kurz weiterdünsten. Den gewürfelten Schinken einige Minuten mitbraten. Die verquirlten Eier unterziehen und bei geringer Hitze stocken lassen. Mit frischer, gehackter Petersilie nach Geschmack bestreuen und zu Salat oder Bratkartoffeln servieren.

Pilzpie

Zutaten:

Für den Teig:
250g Mehl
100g kalte Margarine
1 TL Salz
1 TL Essig
knapp $^1/_8$ l Wasser

Für die Füllung:
1kg Pilze
60g durchwachsener geräucherter Speck
2 Zwiebeln
Salz
Pfeffer
gemahlener Kümmel
1 Bund Petersilie
1 EL Semmelbrösel
1 Ei

Zubereitung: Mehl auf ein Backbrett geben und Margarineflöckchen darauf verteilen. Mit einem Messer durchhacken. Salz, Essig und Wasser zufügen und alles zu einem glatten Teig verkneten. Zugedeckt 20 bis 30 Minuten kalt stellen. Pilze putzen und in Stücke schneiden. Speck würfeln und ausbraten. Zwiebeln hacken und im Speckfett goldgelb dünsten. Pilze zufügen und etwa 10

Minuten dünsten. Mit Salz, Pfeffer und Kümmel würzen. Gehackte Petersilie und Semmelbrösel untermischen. Den Teig halbieren und jede Hälfte zu einer runden Platte von 25 bis 30 cm Durchmesser ausrollen. Eine feuerfeste Form mit einer Teigplatte auslegen, so daß der Rand etwas übersteht. Die Pilzmasse darauf verteilen und mit der anderen Teigplatte abdecken. Die Teigränder mit Eiweiß bestreichen und zusammendrücken. Aus dem Deckel ein Loch ausstechen, damit der Dampf entweichen kann. Aus Teigresten mit einer Plätzchenform (Pilzformen im Handel erhältlich) Pilze ausstechen und die Pastete damit verzieren. Obenauf mit verquirltem Eigelb bestreichen. Im Backofen (E-Herd 200° C, Gasherd Stufe 4) etwa 40 Minuten backen.

Die Bedeutung der Pilze im Wandel der Zeit

»Früh um fünf Uhr hat uns die Mutter schon geweckt«, erzählt ein achtzigjähriger Oberpfälzer, »damit meine Geschwister und ich noch vor Schulbeginn im nahegelegenen Wald Schwammerln für die Mittagsmahlzeit suchen konnten. Groß war die Not in unserer Familie mit sieben Kindern, und wir waren stolz, etwas zum Überleben beitragen zu können.«

Während der beiden Weltkriege versorgten Hausfrauen ihre Kinder im Sommer und Herbst mit Eßbarem aus dem Walde wie Heidelbeeren, Preiselbeeren und eben Pilzen.

Die Familien verbrachten den Nachmittag häufig im Wald, um für Nahrung zu sorgen. Nicht selten hatte man einen Leiterwagen dabei, um auch noch etwas Holz mitnehmen zu können. Das Abendessen bestand aus einer Scheibe Brot, belegt mit ein paar gebratenen Pilzen, oder einer Pilzsuppe. Hatte man eine reiche Beute gemacht, wurden die übrigen Pilze als Einlagen für Soßen im Winter getrocknet.

Da man damals nur wenig Fleisch oder Brot kaufen konnte, nannte man die Pilze auch das Fleisch oder Brot des Waldes.

Heute hat sich ihre Bedeutung für die Küche grundlegend geändert. Sie werden im Herbst als willkommene Abwechslung im Kochtopf der Familien zubereitet und nicht selten als Delikatesse in Restaurants und Hotels angeboten.

Frisch zubereitete Pilze schmecken trotz aller Möglichkeiten der Haltbarmachung am köstlichsten.

Der Champignon

Wir unterscheiden den Wiesen- und den Waldchampignon. Beide sind in der Küche vielseitig verwendbar und werden zu eigenständigen Gerichten oder leckeren Beilagen verarbeitet. Der Champignon verleiht Salaten, in feinen Scheiben roh hineingeschnitten, einen unnachahmlich nussigen Geschmack.

Italienische Knoblauchpilze

mit Rosmarin

Zutaten:
500g Champignons
1 Zweig Rosmarin
1 Zitrone
4 Knoblauchzehen
2 EL Tomatenmark
5 EL Olivenöl
1 TL Butter
Salz, Pfeffer

Zubereitung: Die geputzten Champignons in sehr feine Scheiben schneiden. Mit 1 EL Zitronensaft beträufeln. Knoblauch fein hacken. In einer Pfanne Olivenöl erhitzen und die Pilze portionsweise kurz darin anbraten, herausnehmen und beiseite stellen. Danach 1 TL Butter in der Pfanne zergehen lassen und Knoblauch darin glasig dünsten. Zitronensaft zugeben, das Tomatenmark einrühren, mit Salz und Pfeffer würzen. Die Pilze nun in die Pfanne zurückgeben und alles zusammen mit den grobzerkleinerten Rosmarinnadeln bei geschlossenem Deckel nochmals 10 Minuten dünsten.

Rosmarin ist sehr geschmacksintensiv. Wer ihn nicht mag, nimmt für dieses Gericht Minze oder Petersilie.

Champignon-Pizza

Zutaten: *Teig:*
250g Mehl
1 TL Backpulver
1 Ei
1 Prise Salz
75g weiche Butter

Belag:
500g Champignons
2 Zwiebeln
1-2 Knoblauchzehen
etwas Öl
Salz, Pfeffer
Saft einer halben Zitrone
1 Becher saure Sahne oder Schmand
100g geriebener Emmentaler
100g gekochter Schinken oder Salami

Zubereitung: Mehl mit Backpulver vermischen. In die Mitte eine Mulde drücken und Salz und Ei hineingeben. Die weiche Butter in kleinen Flöckchen auf dem Mehl verteilen und alle Zutaten schnell zu einem Mürbeteig verkneten. 30 Minuten im Kühlschrank ruhen lassen. Dann den Teig in eine ungefettete Form geben, einen Rand hochziehen und mit einer Gabel einige Male einstechen.

Für den Belag die geschälten Zwiebeln und Knoblauchzehen fein würfeln und im heißen Öl andünsten. Die geputzten, blättrig geschnittenen Champignons dazugeben und etwa 10 Minuten weiterdünsten, bis die Pilzflüssigkeit verdampft ist.
Mit Salz, Pfeffer und Zitronensaft würzen. Schmand oder saure Sahne, Käse und den gewürfelten Schinken oder Salamistückchen unterheben.

Den Belag gleichmäßig auf dem Teigboden verteilen und im vorgeheizten Backofen bei 200° C etwa 30 bis 35 Minuten backen.

Frisch aus dem Ofen mit einem Glas Rotwein ist die Champignon-Pizza ein Hochgenuß!

Champignons in Austernsoße

Zutaten: 500g Champignons
etwas Essig
75g Butter
Saft einer halben Zitrone
3 EL Austernsoße
2 EL Reiswein oder Sherry
2 EL Sojasoße
Salz
1 TL Zucker
evtl. etwas gekörnte Gemüsebrühe
1 TL gehackte Kräuter nach Geschmack
(z.B. Koriander und Minzblätter)

Zubereitung: Die Champignons putzen und mit Wasser, vermischt mit einem kräftigen Schuß Essig, übergießen, damit sie weiß bleiben. Die Pilze abtropfen lassen und größere Exemplare in Scheiben schneiden. Die Champignons in Butter und Zitronensaft schmoren.
Austernsoße und Reiswein zugeben, 15 Minuten leicht köcheln lassen und dann mit Sojasoße, Salz, etwas Zukker und nach Belieben mit gekörnter Gemüsebrühe abschmecken. Mit den gehackten Kräutern bestreuen und servieren.

Dazu schmeckt körniger Reis.

Gefüllte Champignonhüte

Zutaten: 14 große Champignons
etwas Zitronensaft
150g Schmand oder saure Sahne
150g Edelpilzkäse
Salz, grob gemahlener Pfeffer
1 Becher süße Sahne
1 Tasse geriebenen Parmesan
feingehackte Petersilie und Basilikum

Zubereitung: Die Champignons säubern. Die Stiele herausnehmen und fein hacken. Dann Köpfe und zerkleinerte Stiele mit Zitronensaft beträufeln, um das Braunwerden zu vermeiden. Die gehackten Stiele mit saurer Sahne oder Schmand und dem fein zerkrümelten Edelpilzkäse vermischen. Mit Salz und Pfeffer abschmecken. Eine Form mit Butter ausfetten, die Champignonköpfe hineinsetzen und mit der Edelpilzkäsemasse füllen. Die süße Sahne angießen, die Pilze mit dem geriebenen Parmesan bestreuen, in den auf 200° C vorgeheizten Backofen schieben und 15 bis 20 Minuten garen. Dann die Champignons auf eine Platte setzen, mit den feingehackten Kräutern bestreuen und servieren.

Ein Glas Frankenwein mit Walnuß- oder Haselnußbrot schmeckt vorzüglich dazu.

www. Pilze. de

In virtuellen Träumen schwelgten im vorigen Jahr zur Herbstzeit junge Pilzfreunde bei einer deftigen Brotzeit in einem Landgasthaus. Eines Tages, so wünschten sie, sollte es möglich sein, zu Hause am Computer das Suchwort »Pilze« einzugeben, um damit sämtliche ertragreichen Plätze im Internet abzufragen. Ausgerüstet mit einem großen Korb könnte man dann mühelos die nächstgelegenen Stellen aufsuchen und reiche Beute machen.

Aber glücklicherweise ist die Erfüllung dieses Traumes unseren jugendlichen Surfern bisher nicht vergönnt, denn die Erholung, die Freude und das Glücksgefühl beim Pilzesuchen wären damit für alle Zeiten vorbei.
Bald nämlich könnte es dann auch sein, daß die ersten Handy-Pilzesammler unterwegs wären, um sich gegenseitig die Lagen der ertragreichsten Plätze im Walde zuzufunken.

Für alle alten und erfahrenen Pilzjäger ist das eine schreckliche Vorstellung, daß das Piepsen der Handys das Zwitschern der Vögel übertönen könnte!

Snacks und Salate

Pilzsalat mit Eiern

Zutaten: 200g Pilze
Salz
Zitronensaft
3 hartgekochte Eier
1 saure Gurke
1 EL Öl
Essig
1 Prise Zucker
Pfeffer

Zubereitung: Die geputzten Pilze in Scheiben schneiden und in Salzwasser mit etwas Zitronensaft kochen. Die Eier in Scheiben schneiden und die Gurke würfeln. Beides zu den abgeseihten Pilzen geben. Aus Essig, Zucker, Salz, Pfeffer und Öl eine Marinade bereiten und vorsichtig unter den Salat heben. Vor dem Servieren 1 bis 2 Stunden ziehen lassen.

Spät am Abend nach Möglichkeit keine Pilzgerichte mehr essen – sie gelten als schwer verdaulich!

Belegtes Brot mit Pfifferlingen

Zutaten:

250g Pfifferlinge
2 Scheiben Weißbrot
20g Butter
1-2 TL Mehl
6 EL Milch
1 Eigelb
60g roher Schinken
1-2 Tomaten
2 EL Paprikastreifen aus dem Glas
4 Scheiben Käse
Petersilie
Salz, Pfeffer

Zubereitung: Die Pfifferlinge sauber putzen, große Pilze grob zerkleinern, den Schinken würfeln und die Tomaten in Scheiben schneiden. Das Weißbrot mit etwas Butter bestreichen. Die übrige Butter erhitzen, das Mehl hineinrühren, mit Milch ablöschen und mit dem Eigelb legieren. Den Schinken, die Tomaten, die Paprikastreifen und die Pfifferlinge in der Soße erhitzen. Mit Salz und Pfeffer abschmecken.
Die Pilzmischung auf die Brotscheiben verteilen, mit den Käsescheiben belegen und mit gehackter Petersilie bestreuen.

Im Ofen oder Grill bei 200° C kurz überbacken.

Pfifferling-Salat mit Schafskäse

Zutaten: 500g Pfifferlinge
2 Zwiebeln
125g Räucherspeck
$^{1}/_{2}$ Tasse Aceto balsamico
$^{1}/_{2}$ Tasse Sonnenblumenöl
oder Weizenkeimöl
400g Schafskäse
Salz
Pfeffer aus der Mühle
1 kleiner Bund Basilikum

Zubereitung: Die Zwiebeln schälen und in nicht zu kleine Stücke schneiden. Den Speck würfeln.
Die Pfifferlinge putzen und grob zerkleinern. Kleine Pfifferlinge unzerteilt lassen. Den Speck knusprig braten, aus der Pfanne nehmen und abstellen. Die Pfifferlinge und die Zwiebelwürfel ins Speckfett geben und kurz anbraten. Den Aceto balsamico und das Öl hinzugeben und dann mit Salz und Pfeffer würzen.
Die Pfanne vom Herd nehmen und auskühlen lassen. Den Schafskäse in mundgerechte Würfel schneiden. Basilikum waschen und nicht zu fein hacken.
Zum Schluß Speckwürfel, Pilzmischung und Käsestückchen noch einmal gut abschmecken und auf Desserttellern anrichten. Mit Basilikum bestreuen.

Oliven im Champignonbett

Zutaten: 1 kleines Glas gefüllte Oliven
400g kleine Champignons
50g Butter
Worcestersauce
Senf
1 TL Zitronensaft
1 Schalotte
1 Knoblauchzehe
Pfeffer

Zubereitung: Die Oliven abtropfen lassen und die Stiele vorsichtig aus den geputzten Champignons drehen. Die weiche Butter mit der feingehackten Schalotte und dem zerdrückten Knoblauch verrühren. Mit Worcestersauce, Senf, Pfeffer und Zitronensaft abschmecken. In die Pilzköpfe füllen und dann jeweils eine Olive hineindrücken. Die Champignonhütchen in eine feuerfeste Form setzen und im auf 225° C vorgeheizten Backofen etwa 5 Minuten überbacken. Heiß servieren.

Pilz-Kartoffelsalat

Zutaten: 750g Kartoffeln
4 Eier
200g kleine Champignons
1 Zwiebel
4 EL Weinessig
1 EL Senf
weißer Pfeffer
1 Prise Salz, 1 Prise Zucker
5 EL Öl
150g Feldsalat
grob gemahlener schwarzer Pfeffer

Zubereitung: Die Kartoffeln waschen und mit Schale 20 Minuten in Salzwasser garen. Anschließend abseihen, kurz abschrecken und die Schale abziehen. Die abgekühlten Kartoffeln in Scheiben schneiden.
Die Eier hart kochen, Champignons putzen und in dünne Scheiben schneiden und die Zwiebel fein würfeln. Den Essig mit dem Senf verrühren und mit Salz, Zucker und Pfeffer abschmecken. Das Öl darunterziehen, Kartoffeln, Champignons und Zwiebel vorsichtig mit der Marinade mischen und etwas ziehen lassen. Die Eier pellen und sechsteln, dann den Feldsalat waschen, gut abtropfen lassen und damit eine Platte auslegen. Den Pilz-Kartoffelsalat und die Eierspalten dekorativ darauf anrichten.

Nährwert der Pilze

Frische Pilze sind, was ihren Nährwert betrifft, mit den besseren Gemüsen zu vergleichen. Sie enthalten viel Eiweiß, das allerdings nur verwertbar ist, wenn die Pilze stark zerkleinert werden.

Daneben machen ihr Vitamin- und Nährstoffgehalt die Pilze zu einem wertvollen Nahrungsmittel.
Insbesondere ist aber das delikate Aroma von Pilzgerichten das beste Argument für die Verwendung in der Küche.

Pfifferlingsbrötchen überbacken

Zutaten: 8 Brötchen
100 g Räucherspeck
2 EL Öl
4 Frühlingszwiebeln
500g Pfifferlinge
3 Tomaten
1 TL gemahlener Kümmel
Salz
Pfeffer aus der Mühle
4 Eier
1 Schuß Kondensmilch oder Sahne
1 Bund Schnittlauch
200g geriebener Butterkäse

Zubereitung: Die Brötchen halbieren und auf ein mit Backtrennpapier ausgelegtes Backblech legen. Öl erhitzen, den fein gewürfelten Speck zugeben und ausbraten. Die gesäuberten und zerkleinerten Frühlingszwiebeln zum Speck geben und glasig werden lassen. Dann die geputzten und kleingeschnittenen Pfifferlinge unter die Speckzwiebeln mischen und etwa 5 Minuten dünsten. Die enthäuteten und entkernten Tomaten gewürfelt unter die Pfifferlinge ziehen. Kräftig mit Salz, Pfeffer und Kümmel abschmecken. Die Eier mit Milch oder Sahne verquirlen, unter die Pilze heben und unter Rühren

langsam stocken lassen. Dann vom Herd nehmen und auf den Brötchenhälften verteilen. Den geriebenen Käse darüber geben und im vorgeheizten Backofen 10 bis 15 Minuten bei 200° C überbacken.
Die Pfifferlingsbrötchen mit dem Schnittlauch bestreuen und auf einem rustikalen Holzbrett anrichten.

Achtung! Zu diesem Gericht nur Butterkäse verwenden, da andere Käsesorten zu intensiv im Geschmack sind und das Pilzaroma beeinträchtigen würden.

Pilze in Marinade 1

Zutaten: 500g kleine, feste Steinpilze oder Maronen
3 EL Olivenöl
Saft von 1 Zitrone
3 Knoblauchzehen
1 Zwiebel
1 Zimtstange
4 Nelken
6 Wacholderbeeren
2 Lorbeerblätter
6 EL Weißwein
1 Tasse Gemüsebrühe
1 Tasse guten Weinessig
1 Tasse Olivenöl
1 Prise Zucker
Salz
Pfeffer aus der Mühle
1 Prise Cayennepfeffer

Zubereitung: Die Pilze putzen und mit Zitronensaft beträufeln. Die drei Eßlöffel Öl erhitzen und die geschälten und feingewürfelten Zwiebeln und Knoblauchzehen darin anschwitzen. Die Zimtstange, die Nelken, die Wacholderbeeren und die Lorbeerblätter dazugeben und mitköcheln lassen. Mit Weißwein ablöschen und mit der Brühe auffüllen. Die Pilze dazugeben und nur einmal aufkochen lassen. Dann den Essig einrühren und noch einmal erneut kurz erhitzen. Dann das ganze vom Herd nehmen und das Olivenöl untermischen. Die Zimtstange herausnehmen und die Pilze mit Salz, Pfeffer, Cayennepfeffer und Zucker abschmecken und im Kühlschrank etwa vier bis fünf Stunden ziehen lassen. Kurz vor dem Verzehr die Pilze nochmals erneut abschmecken. Mit Schinken, Schinkenwurst, Mortadella oder Salami servieren.

Dazu paßt besonders gut italienisches Weißbrot.

Pilze in Marinade 2

Zutaten: 500g kleine Maronen
1 Schalotte
2 EL Olivenöl
1 Zwiebel
6 Pfefferkörner
1 kleines Lorbeerblatt
1 Zweig Thymian
1 kleine Petersilienwurzel
1 Prise Salz
$^1/_2$ Tasse Weinessig
5 EL Speiseöl
2 Tassen Wasser
etwas Zitronensaft

Zubereitung: Die geputzten Maronen vierteln und zusammen mit der gehackten Schalotte im Olivenöl braten. Die Zwiebel in Scheiben schneiden und mit den zerdrückten Pfefferkörnern sowie den anderen Gewürzen in einen Topf geben. Essig, Öl und Wasser dazugeben und alles 15 Minuten kochen. Die gebratenen Pilze in eine Porzellanschüssel geben, die heiße Marinade durch ein Sieb darübergießen und 24 Stunden durchziehen lassen. Serviert wird das Gericht mit dem Sud, der vorher noch mit Zitronensaft abgeschmeckt wird

Champignon-Tomaten-Teller

Zutaten: 150g Champignons
250g Strauchtomaten
1/2 Bund Basilikum
1 EL Balsamico-Essig
Salz, Pfeffer
2 EL Olivenöl
50g Walnußkerne
Pflücksalat zum Dekorieren

Zubereitung: Die geputzten Champignons hobeln oder, ebenso wie die gewaschenen Tomaten, in feine Scheiben schneiden. Beides mit dem klein gezupften Pflücksalat dekorativ auf Tellern anrichten. Basilikum waschen, in Streifen schneiden und einige Blättchen zum Garnieren zurückbehalten. Den Rest mit Essig, Salz und Pfeffer vermengen und dann mit dem Öl verrühren. Das Dressing abschmecken, über die anderen Zutaten träufeln und 15 Minuten ziehen lassen. Die Walnußkerne grob hacken und darüberstreuen. Mit den Basilikumblättern garnieren und pfeffern.

Zum Schluß etwas gehobelten Parmesankäse über den Salat streuen – das sieht hübsch aus und verleiht eine pikante Note!

Apfel-Pilze

Zutaten: 500g Champignons
1 rote Zwiebel
1 Apfel (mürbe Sorte)
40g Pflanzenfett
3 EL Calvados
Salz
Pfeffer
3 EL Crème fraîche
Worcestersauce

Zubereitung: Pilze putzen, Stiele aus dem Hut drehen, in Scheiben schneiden. Hüte je nach Größe in Viertel oder Achtel teilen. Zwiebel in Würfel schneiden, Apfel schälen und grob raspeln. Fett zerlassen, Zwiebeln darin andünsten, dann Pilze und Apfel zugeben, mit Calvados ablöschen, würzen (Salz, Pfeffer aus der Mühle).
Zugedeckt 10 Minuten dünsten. Mit Worcestersauce und Crème fraîche abschmecken.

Französisches Weißbrot eignet sich wegen der Zugabe von Calvados besonders gut zu diesem Gericht.

Champignonbutter

Zutaten: 100g Champignons
100g Butter
1 TL Zitronensaft
Salz
Cayennepfeffer

Zubereitung: Die geputzten Champignons grob zerkleinern und in etwas Butter drei bis vier Minuten dünsten. Danach mit dem Pürierstab mit den restlichen Zutaten zu einer glatten Masse verrühren. Kalt servieren.

Die Champignonbutter schmeckt zu einem frischen Bauernbrot oder zu einem saftigen Steak anstelle von Kräuterbutter besonders gut.

Pilze in Sagen und Geschichten

Da Pilze jedes Jahr wieder erscheinen, nicht gepflanzt oder gepflegt werden müssen und dann einfach wieder verschwinden, umgibt sie bis in die heutige Zeit etwas fast Mystisches. Deshalb wurden sie auch häufig zum Mittelpunkt von Sagen und Legenden.
So wird in Böhmen über den Ursprung von giftigen und ungiftigen Pilzen folgendes erzählt:
Christus und Petrus gingen durch ein Dorf und bettelten um Brot. Man gab es ihnen – weißes und schwarzes –, und als sie den Wald erreichten, begannen sie zu essen. Dabei fielen Krümel auf den Waldboden, und aus diesen wuchsen die Pilze, giftige aus den schwarzen und eßbare aus den weißen.

In Polen werden alte, runzlige Frauen manchmal als »Morchel« bezeichnet. Über die Entstehung dieses Pilzes erzählt man sich folgende furchterregende Geschichte:
Der Teufel soll eines Tages eine alte Frau im Wald getroffen haben, und da er schlechter Laune war, tötete er sie und zerteilte sie in kleine Stücke. Diese verstreute er im Wald und aus jedem wuchs eine Morchel.

Haltbarmachen von Pilzen

Tiefgefrieren

Die beliebteste Art, Pilze haltbar zu machen, ist das Einfrieren. Hierzu eignen sich besonders die Sorten mit festem Fleisch. Die Pilze werden gereinigt, feinblättrig aufgeschnitten und in Gefrierbeutel oder verschließbare Tiefkühldosen gefüllt.

Das bei vielen Gemüsearten angewendete Blanchieren sollte man bei Pilzen unterlassen, da sonst das gute Pilzaroma beeinträchtigt wird.

Pilze kann man bis zu einem Jahr ohne Bedenken im Gefrierschrank lagern. Bei der Zubereitung kommen sie als gefrorener Block in den Kochtopf und dürfen vorher nicht aufgetaut werden.

Tiefgefrorene Pilze verwendet man zu Pilzgemüsen, Pilzsuppen, Salaten, Pilzkuchen und als Beilage zu Fleischgerichten.

Trocknen

Kleine Pilze schneidet man einmal durch, große Pilze in etwa 3 mm starke Scheiben. Auf einem Gitter breitet man ein dünnes Baumwolltuch aus und legt die Pilze locker auf. Kleine, junge Exemplare kann man auch an einer Schnur auffädeln.

Pilze sollten an einem trockenen und warmen Ort einige Tage trocknen, oder auch im Backofen bei 50° C. Dabei muß die Ofentüre einen Spalt geöffnet werden, damit die in den Pilzen enthaltene Feuchtigkeit entweichen kann.

Ideal zum Trocknen von Pilzen sind auch im Handel erhältliche Dörrgeräte. Getrocknete Pilze müssen »rascheltrocken« sein und werden am besten in dunklen Schraubgläsern oder festen Leinenbeuteln aufbewahrt.

Getrocknete Pilze verwendet man zu Soßen, Suppen und Eintopfgerichten.

Pilzflüssigwürze

Eine andere Möglichkeit, das leckere Pilzaroma aufzubewahren, besteht in der Herstellung von flüssiger Pilzwürze. Dazu kocht man die getrockneten Pilze in wenig Wasser ungefähr 45 Minuten aus, gießt die Flüssigkeit durch ein Sieb und drückt die gekochten Pilze in einem Tuch aus.

Auf eine Tasse der gewonnenen Pilzflüssigkeit gibt man etwa 1 TL Salz und läßt sie dann nochmals zehn Minuten köcheln (das Salz konserviert und macht die Würze mindestens ein Jahr haltbar). Dann die heiße Flüssigkeit in ein heiß ausgespültes Glas füllen und stets gut verschlossen halten.

Verwendet wird die Würzflüssigkeit zu Suppen und Soßen und in allen Gerichten, die nach Pilzen schmecken sollen.